Publication du Journal LE RÉVEIL

LES PROGRÈS

DE

LA MUSIQUE

DRAMATIQUE

PAR

LE PRINCE J. PONIATOWSKI

PARIS

AUX BUREAUX DU *RÉVEIL*

21, RUE DE CHOISEUL, 21

1859

LES PROGRÈS

DE

LA MUSIQUE

DRAMATIQUE

PARIS. — IMPRIMERIE DE DUBUISSON ET Cᵉ, RUE COQ-HÉRON, 5.

Publication du Journal LE RÉVEIL

LES PROGRÈS

DE

LA MUSIQUE

DRAMATIQUE

PAR

LE PRINCE J. PONIATOWSKI

———— ◇◇ ————

PARIS

AUX BUREAUX DU *RÉVEIL*

21, RUE DE CHOISEUL, 21

1859

LES PROGRÈS

DE

LA MUSIQUE

DRAMATIQUE

A propos de l'étude sur l'ARMIDE DE GLUCK

PAR M. LE PRÉSIDENT TROPLONG

I

Je sais depuis longtemps que S. Exc. le président Troplong, au milieu des graves préoccupations de la magistrature et des sérieux travaux historiques qui l'ont placé au premier rang parmi les savants et les lettrés de notre époque, a trouvé moyen d'étudier consciencieusement la musique, qu'il a comprise et appréciée comme devait le faire une nature d'élite telle que la sienne.

Aussitôt que j'ai vu paraître, dans la *Revue contemporaine*, l'analyse de l'*Armide* de Glück, je me suis empressé de lire cette remarquable étude, et j'ai parcouru à plusieurs reprises le chef-d'œuvre qui l'a inspiré, pour me rendre compte des impressions de M. le président Troplong, et les comparer avec mes propres impressions.

Souvent, M. Troplong m'a fait l'honneur de m'entretenir sur ce sujet ; doux souvenir de sa jeunesse, et je ne pouvais que partager les sentiments d'admiration qu'il professait pour ce compositeur célèbre, qui a, sans aucun doute, fait faire le premier grand pas à la musique dramatique.

II

Si M. le président Troplong n'a pas eu, comme je le pense, d'autre but que de rendre hommage au génie de Gluck, nous sommes complétement d'accord et il prêche un converti. Dès mes premières années et lorsque j'étudiais la musique avec Paër, j'ai appris à vénérer l'auteur d'*Armide* ; tous ceux qui aiment et cultivent l'art musical le vénèrent comme moi.

Il y a cependant dans l'étude de M. Troplong certaines allusions qui, contre sa pensée, assurément, ont pu être interprétées comme une négation du progrès incontestable que la musique a fait depuis Gluck.

Tout en respectant l'opinion d'un éminent esprit, et tout en protestant de mon admiration, non-seulement pour Glück, mais pour des maîtres plus anciens que lui, je crois qu'il n'est peut-être pas inutile de rechercher comment et pourquoi la musique dramatique a subi, on peut le dire, une transformation complète.

III

L'art est une révélation surnaturelle, et n'est perfectible que dans sa manifestation. — Le génie ne s'acquiert pas à l'école ; c'est une émanation de Dieu, qui ne descend que trop rarement sur la créature faite à son image.

Les sciences font un nouveau pas à chaque découverte, mais les arts ne peuvent se renouveler et marcher vers la perfection qu'autant qu'ils disposent de nouveaux moyens pour exprimer l'idée de l'artiste.

Homère et Phidias ont atteint, du premier coup, le sublime de leur art, et il n'est encore venu dans l'esprit de personne qu'on puisse les dépasser. C'est que, pour le poète comme pour le sculpteur, le moyen d'exprimer leur pensée est simple et facile.

En peinture, il est plus difficile de se passer du concours des sciences. La perspective est une science qui doit venir en aide au génie de l'artiste ; la chimie, ayant perfectionné les couleurs, a donné au peintre le moyen de rendre mieux ce que son génie le poussait à retracer. Dans les peintures d'Herculanum, on trouve des choses admirables, qui n'ont cependant ni la beauté, ni l'éclat des peintures du seizième siècle.

Rubens et le Corrège, peu corrects dans leurs dessins, rachètent par la grâce et le coloris ce qui leur manque en pureté de style. Raphaël est celui qui s'est le plus rapproché de la perfection. Jusqu'à présent, personne n'a fait mieux que lui, mais il serait peut-être imprudent d'affirmer qu'on ne pourra pas aller plus loin.

Dans l'art des sons, le champ est encore plus vaste. Quand la musique est sans paroles, les sentiments qu'elle peut exprimer se perdent dans le vague ou se réduisent forcément à deux ou trois nuances qui peuvent s'appliquer à une foule de choses du même genre. Il serait fort difficile, en effet, de distinguer une bataille d'une tempête, sans le secours du tonnerre ou le cliquetis des armes.

Lorsque la poésie sert de base à la musique, c'est à l'appréciation du maître d'appliquer ses harmonies et ses mélodies au sens des paroles, pour faire sentir aux autres ce qu'il éprouve lui-même. Il est arrêté par d'insurmontables obstacles, et n'a d'autre guide à suivre que cette voix intérieure qui le pousse dans un sens plutôt que dans l'autre.

Si tu veux me faire pleurer, commence par pleurer toi-même, a dit Horace. — C'est donc en lui-même que le poète ou le musicien trouve le sentiment qu'il veut faire éprouver aux autres; mais, s'il ne faut qu'un crayon au poète, il faut au musicien le concours d'une quantité d'éléments qui sont plus ou moins capables de perfection.

Tot capita, tot sensus. Qui sera donc le juge compétent pour dire : — Voici le *nec plus ultrà,* hors de cela point de salut; tout ce qui n'est point borné dans ces limites est faux, bruyant, mauvais, absurde? Qui pourra dire à l'art ce que Dieu dit à la mer : — Tu n'iras pas plus loin? Voilà le chef-d'œuvre absolu, la parfaite beauté? Tout ce qui est venu après, c'est la décadence !

IV

La musique religieuse, destinée à émouvoir dans un seul sens les personnes qui l'entendent, à les porter au recueillement plutôt qu'à les distraire, peut avoir trouvé dans *Palestrina, Marcello, S. Bach,* l'apogée de son développement, et encore je ne suis pas bien sûr que le *Requiem* de Mozart ne soit pas un progrès; mais la musique dramatique, qui a pour mission d'émouvoir le public de tant de manières diverses, doit nécessairement subir toutes les transformations que subit le genre humain.

De tous les arts, la musique est le plus jeune, et il n'est pas étonnant qu'il n'ait pas dit son dernier mot.

L'application de la musique au drame est encore bien récente, et on pourrait dire qu'au siècle dernier elle était dans l'enfance.

L'époque, du reste, était loin de comprendre l'élément vrai, réel, humain, comme on le comprend aujourd'hui. La littérature étant païenne, la mythologie s'y mêlait à chaque instant. Le public pouvait se plaire à ces jeux de l'esprit, à ces traditions surannées, sans que l'émotion lui fît jamais oublier, ne fût-ce que pour un moment, que c'était une fiction.

Comment se fait-il que les anciens, si excellents dans les autres arts, ne nous aient rien laissé de remarquable en musique? C'est qu'ils n'avaient pas encore trouvé le moyen de reproduire et de révéler tout ce qu'elle renferme de ressources et de charmes.

Les instruments dont ils se servaient, étaient les plus imparfaits. Le luth et le fifre sont les seuls qu'on trouve entre leurs mains dans les anciennes peintures. Il est tout naturel qu'au fur et à mesure que l'industrie des hommes en a inventé de nouveaux, on ait voulu s'en servir pour agrandir le cercle étroit dans lequel la musique était renfermée.

Avant Mozart, l'orchestre était pauvre et maigre. Les musiciens, peu exercés, ne tiraient qu'un faible parti de l'instrument dont ils jouaient, ce qui forçait le compositeur à ne jamais les lancer dans des mouvements trop rapides; et tout cela jetait sur leur musique une lenteur, une tristesse et une monotonie fatigantes.

Les théâtres n'étaient ce qu'ils sont aujourd'hui, ni pour la mise en scène, ni pour la position des spectateurs, et cette imperfection devait nécessairement nuire à la vraisemblance.

Quant au drame, il était tout dans le récitatif, et lorsque l'intérêt de l'action finissait, le chanteur s'approchait de la rampe et débitait au public une ariette qui pouvait être charmante, mais qui refroidissait considérablement l'intérêt dramatique.

Le grand Mozart lui-même a dû subir la loi de Metastasio dans la *Clémence de Titus*, et cet ouvrage, tout magnifique qu'il est, serait trouvé pâle de nos jours. Jusqu'au *Tancrède* de Rossini et inclusivement, c'étaient des mélopées, mais non pas des opéras.

Je fais une exception pour les ouvrages comiques ; ceux-ci pouvaient supporter plus facilement cette forme, et ici le progrès se fit sentir plus tôt..

Mozart et Cimarosa marquèrent une ère nouvelle avec *Don Juan* et le *Matrimonio segreto*, et ces deux chefs-d'œuvre font encore les délices d'un public intelligent, s'ils sont convenablement exécutés.

V

Otello, composé par Rossini en **1816,** est le premier ouvrage dramatique se détachant des anciennes formes, et qui, sous l'inspiration de Shakspeare, a porté sur la scène lyrique l'éclat d'une véritable et grande passion.

L'apparition de Rossini comme régénérateur de la musique dramatique fut l'événement ae l'époque.

Les instruments commençaient à se perfectionner ; l'école du violon avait déjà fait de tels progrès, qu'il en était sorti Paganini. — Mettre à la disposition d'un génie tel que Rossini des éléments nouveaux, c'était lui faciliter le moyen de donner un libre essor à sa féconde imagination. Il en profita, fort heureusement pour nous, et il a rendu à l'art d'immenses services.

Après les douces mélodies de Paisiello, auxquelles le public était habitué, on ne manqua pas de traiter Rossini de barbare et sa musique de vacarme. Ses plus beaux ouvrages furent souvent sifflés à la première représentation par une cabale ignorante et arriérée ; mais le lendemain la partie saine de ce peuple italien, doué d'un sentiment si éminemment musical, revenait de sa méprise, et portait en triomphe le grand innovateur.

Pendant longtemps on se plaignit du tapage, on parla de mettre des mortiers à la disposition du maître ; puis, peu à peu, on finit par s'y faire, et même les admirateurs de Paisiello furent obligés de convenir que tous ceux qui avaient précédé Rossini n'avaient pas atteint les dernières limites du beau.

VI

En même temps que Rossini marchait de triomphe en triomphe, un autre homme grandissait à vue d'œil : c'était Meyerbeer.

Après plusieurs ouvrages d'un grand mérite, celui-ci composa le *Crociato in Egitto*, œuvre très remarquable, qui tenait des deux écoles allemande et italienne.

On s'empressa de trouver qu'il y avait encore plus de bruit dans sa musique que dans celle de Rossini, mais on finit par reconnaître toutes les beautés de cette partition, qui fut applaudie sur tous les théâtres de l'Italie.

Il n'est personne aujourd'hui en Europe qui ose nier que *Robert le Diable* et *les Huguenots* ne soient un progrès réel de la musique dramatique, et si Glück avait vécu de nos jours, il n'aurait pas dédaigné de signer les partitions de Meyerbeer.

VII

Toutes les colères qui s'étaient éveillées contre Rossini et plus tard contre Meyerbeer, soufflent aujourd'hui contre Verdi.

On finira par se calmer et on lui rendra justice à son tour. On l'accuse d'abuser des effets de sonorité, de faire crier à outrance les chanteurs. Soyons justes envers tout le monde. N'y a-t-il pas dans la musique de Verdi des mélodies charmantes lorsque la situation le permet?

Il est certain que quand une mère raconte qu'elle a, par erreur, jeté son propre enfant dans le bûcher, elle ne peut pas le dire sur un air comique ou pastoral.

Du moment que le drame s'identifie avec la musique, il faut que la musique exprime la situation telle qu'elle est. Si l'on n'aime pas les émotions fortes, il faut se priver d'aller entendre ces opéras, et donner la préférence à quelque bouffonnerie grotesque ou à quelque ennuyeuse complainte.

Si les chanteurs crient, ce n'est pas la faute de Verdi. Mario chante sa musique mieux que personne, sans crier; c'est parce qu'il sait chanter. Si les véritables artistes font défaut, c'est que le nombre des théâtres a centuplé, et qu'au lieu de travailler dix ans avant de s'exposer en public, les jeunes chanteurs, à peine en mesure de débiter tant bien que mal un rôle qu'on leur a seriné, s'engagent et cessent de travailler.

Verdi a, dit-on, abusé de l'unisson, c'est possible ; mais il ne faut pas oublier que tous les grands maîtres s'en sont servis, et que le plus beau morceau de Glück c'est le final d'*Orphée*, qui est à l'unisson.

Le quatuor de *Rigoletto*, le final d'*Hernani* et tout le dernier acte du *Trouvère*, sont des pages qui feraient honneur à Glück lui-même, si on les juge en pleine liberté d'esprit, et sans le parti pris de ne trouver beau que ce qui a vieilli, ce qui ferait du critique un *laudator temporis acti*, dont la voix ne serait plus une leçon salutaire pour personne.

VIII

Le progrès est incontestable, et il serait patent, quand même on ne pourrait pas citer en musique un ouvrage qui, par sa supériorité sur toutes les œuvres anciennes, fût de nature à prendre, dans l'art musical, la place qu'a prise la transfiguration de Raphaël dans la peinture.

La Muette de Portici, d'Auber, ce spirituel et savant chef de l'école française, serait-elle par hasard trouvée inférieure à tout ce qui avait été fait avant lui?

La Juive, d'Halévy, n'est-ce pas un ouvrage plus remarquable que tous les vieux opéras qui ont charmé, bercé et endormi nos pères?

Mais le chef-d'œuvre des chefs-d'œuvre, où le génie n'a plus trouvé d'entraves, c'est *Guillaume Tell*.

Je ne m'évertuerai pas à rechercher une à une les beautés de cette sublime partition, parce que tout le monde les connaît et les apprécie aussi bien que moi. Il me serait, du reste, fort difficile de dire si c'est par des tenues de hautbois ou par des triolets d'altos qu'il produit ses effets formidables. Je dirai seulement qu'en assistant à une représentation de *Guillaume Tell*, je me sens transporté en Suisse dès le premier coup d'archet; que je m'identifie tellement à la douleur d'Arnold pleurant son père, que j'en ai moi-même les larmes aux yeux; et que tout homme d'ordre que j'ai la prétention d'être, je sors de ma loge après le finale du second acte, tant soit peu révolutionnaire, et presque convaincu que Guillaume avait toutes sortes de bonnes raisons pour secouer le joug de l'étranger.

Malgré mon admiration pour cette œuvre, je suis loin de nier qu'il soit possible de faire mieux, et si Rossini ne s'était pas arrêté à l'âge de trente-sept ans, j'aurais peut-être à citer ici un autre ouvrage supérieur à *Guillaume Tell*, qui marquerait un degré de plus dans le progrès de la musique dramatique.

IX

Ne soyons donc point injustes envers nos contemporains et ne nions pas le progrès.

Glück a fait des œuvres admirables pour le temps où il vivait; elles sont bonnes à étudier pour la recherche des effets qu'il a souvent employés magistralement; mais je n'oserais point dire que chaque note de hautbois ou d'alto ait une signification philosophique.

Dans l'appréciation, fort savante d'ailleurs, que M. le président Troplong fait du duo *Esprit de haine et de rage*, il se laisse trop dominer par l'impression qu'il en a reçue jadis, et en attribue l'effet à des détails qui, s'ils n'y sont pas tout à fait étrangers, n'en sont certainement pas la raison première.

C'est à coup sûr par un *lapsus calami* que ce morceau est énoncé comme écrit dans le *ton strident* de *mi dièze*. Glück ne se serait point permis cette étrangeté, surtout à une époque où le chef d'orchestre battait sur le pupitre pour avertir ses musiciens de faire attention aux doubles croches.

X

Je ne puis pas accepter entièrement les conclusions de **M.** Troplong. Il déplore l'oubli des anciens chefs-d'œuvre, et il cite malheureusement ceux qui ont survécu à trois générations, et qui aujourd'hui même font la fortune de deux théâtres.

Les *Nozze di Figaro*, de Mozart, s'approchent de leur centième représentation au Théâtre-Lyrique, et *il Barbiere*, de Rossini, fait salle comble toutes les fois qu'il est donné au Théâtre-Italien. *Norma, la Sonnambula, I Puritani*, de Bellini, qu'il appelle des *élégies efféminées*, sont dans le répertoire de tous les théâtres du monde.

C'est que, dans ces partitions, la comédie ou le drame sont liés étroitement à la musique, et qu'au lieu d'être des *tentatives d'opéra*, ce sont de véritables chefs-d'œuvre.

On joue *Sémiramide* à Milan dans ce moment, on le jouait à Venise il y a trois mois. *Moïse, Otello, le Barbier, Cenerentola* et *Guillaume Tell* sont joués constamment dans toutes les villes d'Italie ; il n'est donc pas exact de dire que Rossini est mis de côté dans *son oublieuse patrie*.

XI

Quant au désir que **M.** Troplong exprime de voir les ouvrages de Glück représentés *sur ce théâtre de l'Opéra, dont ce maître fut si longtemps l'arbitre et la gloire*, je le partage avec lui, mais je doute fort que les abonnés et le public soient du même avis que nous.

L'essai qui a été fait pour la *Vestale* de Spontini, plus jeune que l'*Armide*, n'est pas encourageant ; mais un théâtre qui ne viserait pas au profit et qui chercherait uniquement le progrès de l'art musical, pourrait bien sacrifier quelques recettes pour faire revivre, ne fût-ce qu'un instant, des chefs-d'œuvre oubliés.

XII

Je termine en me félicitant de vivre à une époque où les hommes de talent foisonnent. En aucun temps il n'y a eu en France autant de compositeurs distingués, et il ne faut pas désespérer de l'art, lorsque, à côté des hommes qui ont une célébrité acquise, comme Rossini, Auber, Meyerbeer, Halévy et Verdi, on peut citer Berlioz, Niedermeyer, Thomas, Reber, Clapisson, F. David, Grisar, Gounod, Bazin, Gewaërt, Massel, Mermet, Limnander, Maillard, Flotow, Alary, Membrée et beaucoup d'autres dont les noms m'échappent, et qui sont tous de taille à faire des œuvres remarquables, si on leur en fournit l'occasion.

Ne nous plaignons donc pas tant; ne crions pas trop au scandale; n'enterrons pas les vivants pour déterrer les morts; soyons convaincus que l'art musical marche de pair avec la civilisation et qu'il est, comme elle, en plein progrès.

Faisons un mausolée à César pour que ses cendres y reposent honorées, mais ne traitons pas d'*amis Pompignan* des hommes parmi lesquels on compte un Rossini!

PARIS. — IMPRIMERIE DE DUBUISSON ET C⁰, RUE COQ-HÉRON, 5.